영어의 기초를 다져 주는
magic
어린이 패턴 영어 회화 개정판

2006년   6월 24일 초판 1쇄 발행
2024년 11월 15일 개정 1쇄 인쇄
2024년 11월 20일 개정 1쇄 발행

지은이 문호준
그림 유지환
펴낸이 이규인
펴낸곳 국제어학연구소 출판부

출판등록 2010년 1월 18일 제302-2010-000006호
주소 서울특별시 마포구 대흥로4길 49, 1층(용강동 월명빌딩)
Tel (02) 704-0900 **팩시밀리** (02) 703-5117
홈페이지 www.bookcamp.co.kr
e-mail changbook1@hanmail.net
ISBN 979-11-9880100-5 13740
정가 16,800원

영어의 기초를 다져 주는

magic 시리즈

어린이 패턴 영어회화

개정판

글 문호준 | 그림 유지환

국제어학연구소

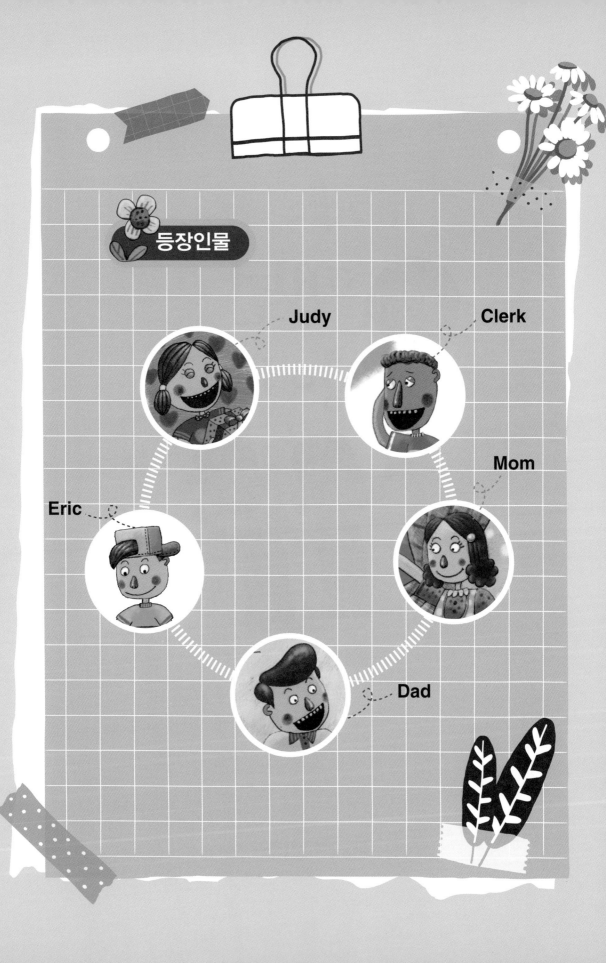

머리말

영어는 이 시대를 살아가는 많은 사람들의 필수 언어가 되었습니다. 그렇기 때문에 영어 공부의 필요성은 절대적이라고 말할 수 있습니다. 어른뿐만 아니라 요즘은 어려서부터 영어를 배우는 시대가 되었습니다. 그러나 많은 아이들이 간단한 질문조차 하지 못하는 경우가 대부분이고, 아주 기초적인 문장이라고 하더라도 책이나 학원을 통해 많이 들어본 표현 외에는 조금만 말을 바꾸어도 대답을 하지 못하는 경우가 많습니다. 그 이유는 영어라는 언어가 가지고 있는 일정한 표현의 기본 틀을 모르기 때문에 생기는 문제입니다.

우리나라 말도 그렇지만 대부분의 언어에는 패턴이라는 것이 있습니다. 무엇을 좋아한다, 무엇을 할 것이다, 무엇을 싫어한다, 무엇을 했다, 무엇은 어떠하다 등의 표현들은 주어와 대상만 달라지지 일정한 문장의 형태를 가지고 있습니다.

이렇게 패턴이란 우리가 우리말을 할 때 혹은 외국사람들이 그 나라 말을 하거나 글을 쓸 때, 그 말과 글 속에 일정한 규칙이 있는 것을 말합니다.

패턴을 알게 되면 영어 표현의 질서가 세워지고 상황에 맞게 단어를 바꿔가면서 말할 수 있는 응용력이 생겨 영어가 쉬워집니다. 그리고 패턴에 익숙해지다 보면 문법 구조를 자연스레 습득하게 되어 자유자재로 응용이 가능해지고 어휘력도 풍부해집니다.

이 책을 통해 패턴을 익힌 후 실생활에 직접 적용해 보세요. 아마 예전보다는 영어로 말하는 것이 더 쉽다는 생각이 들 것입니다.

이 책이 나오기까지 물심양면으로 도와주신 편집부 여러분께 진심으로 감사드리며 하나님의 은혜가 충만하길 기도합니다.

저자 문 호 준

Pattern

이 장에서는 어떠한 패턴을 익히는지,
또한 이 패턴은 어떠한 상황에서 어떻게
쓰이는지 자세하게 익혀 보는 코너예요.

Expression

더 많은 패턴을 익혀 보는 코너예요.
많이쓰는 영어 문장은 일정한 패턴을 가지고
있어요. 이러한 패턴에 익숙해지면 응용력이
생겨 영어가 풍부해지고 자신감이 붙어요.

New Words

이 장에서 나오는 새로운
단어들을 익혀 보는 코너예요.
많지 않으니 꼭 익히고
넘어가세요.

Chant

흥겨운 챈트를 불러 봐요.
앞에서 배운 영어를 흥겨운 노래에
맞춰 따라 해보면 패턴이 저절로
흘러나와 영어가 재미있어져요.

Alphabet Sound

영어 알파벳의 소릿값을 배우는
코너예요. 또한 그 알파벳이 들어
있는 단어도 익혀 보아요.

Dialogue

대화를 따라 해보아요. 앞에서
익힌 패턴을 가지고 실생활에서
자주 일어나는 상황을 연출하여
실전 회화를 공부해 보는
코너예요.

Practice

앞에서 한 가지 패턴으로 익힐 수 있는
다양한 패턴의 영어를 배웠어요. 그것을
확실하게 익혔는지 쓰기, 듣기, 스티커
붙이기, 선 긋기 등을 통해 테스트해 보는
코너예요. 모르는 것은 다시 한 번 익히고
넘어 가세요.

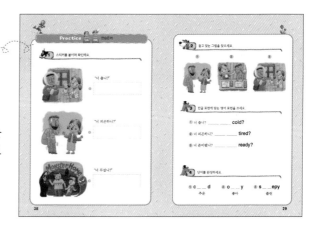

네이티브 스피커가 녹음한
Mp3를 반복적으로 듣고 따
라해 보면 발음과 회화 실력
이 몰라보게 향상될 거예요.
연습문제에도 듣기가 있으
니 꼭 확인하세요.

Magic
동사 카드

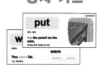

마지막에는 그림카드로 영어
의 동사를 쉽게 익힐 수 있게
구성해 놓았습니다.
부모님과 함께 그림카드를 엮
어 어디서나 재미있게 공부해
보세요.

알파벳 Alphabet Sounds

Aa
[ei]
에이

Bb
[biː]
비-

Cc
[siː]
씨-

Dd
[diː]
디-

Ee
[iː]
이-

Ff
[ef]
에프

Gg
[dʒiː]
쥐 -

Hh
[eitʃ]
에이취

Ii
[ai]
아이

Jj
[dʒei]
줴이

Kk
[kei]
케이

Ll
[el]
엘

Mm
[em]
엠

Nn
[en]
엔

Oo
[ou]
오우

Pp
[piː]
피-

Qq
[kjuː]
큐-

Rr
[aːr]
아-르

Ss
[es]
에스

Tt
[tiː]
티-

Uu
[juː]
유-

Vv
[viː]
브-

Ww
[dʌbljuː]
더블유-

Xx
[eks]
엑스

Yy
[wai]
와이

Zz
[ziː]
즈-

발음기호

모음기호

a
아

æ
애

ə
어

ʌ
어

e
에

ɔ
어/오

u
우

i
이

a:
아

a:r
아르

ə:r
어-르

ɔ:
오-

ɔ:r
오-르

u:
우

i:
이-

ai
아이

au
아우

ɛər
에어르

ei
에이

ou
오우

ɔi
오이

uər
우어르

iər
이어르

 자음기호

k 크	g 그	p 프	b 브	t 트
d 드	h 흐	f 프	v 브	s 스
z 즈	l 르	r 르	θ 쓰	ð 드
ʃ 쉬	ʒ 쥐	tʃ 취	dʒ 쥐	m 므
n 느	ŋ 응			

차례 Contents

이 책을 펴낸 사람들 ····· 4
머리말 ····· 5
이 책의 구성 ····· 6
알파벳 ····· 8
발음기호 ····· 10

Pattern 1

I'm~ "난 ~해요" · 15

Expression	더 많은 표현으로 익혀요	16
Chant	흥겨운 챈트를 불러 봐요	18
Dialogue	대화를 따라 해요	19
Practice	연습문제	20

Pattern 2

Are you ~ "너 ~하니?" · 23

Expression	더 많은 표현으로 익혀요	24
Chant	흥겨운 챈트를 불러 봐요	26
Dialogue	대화를 따라 해요	27
Practice	연습문제	28

Pattern 3

Can I ~ "(내가) ~해도 될까요?" · 31

Expression	더 많은 표현으로 익혀요	32
Chant	흥겨운 챈트를 불러 봐요	34
Dialogue	대화를 따라 해요	35
Practice	연습문제	36

Pattern 4

Can you ~ "~할 수 있나요?" · 39

Expression	더 많은 표현으로 익혀요	40
Chant	흥겨운 챈트를 불러 봐요	42
Dialogue	대화를 따라 해요	43
Practice	연습문제	44

Pattern 5

Do you ~ "너 ~하니?" · 47

Expression	더 많은 표현으로 익혀요	48
Chant	흥겨운 챈트를 불러 봐요	50
Dialogue	대화를 따라 해요	51
Practice	연습문제	52

Pattern 6

I like ~ "난 ~ 좋아해요." · 55

Expression	더 많은 표현으로 익혀요	56
Chant	흥겨운 챈트를 불러 봐요	58
Dialogue	대화를 따라 해요	59
Practice	연습문제	60

Pattern 7

I have ~ "난 ~ 있어요." · 63

Expression	더 많은 표현으로 익혀요	64
Chant	흥겨운 챈트를 불러 봐요	66
Dialogue	대화를 따라 해요	67
Practice	연습문제	68

Pattern 8

It's ~ "(그것은) ~이다" · 71

Expression	더 많은 표현으로 익혀요	72
Chant	흥겨운 챈트를 불러 봐요	74
Dialogue	대화를 따라 해요	75
Practice	연습문제	76

Pattern 9

Is it ~ "그것 ~하니?" · 79

Expression	더 많은 표현으로 익혀요	80
Chant	흥겨운 챈트를 불러 봐요	82
Dialogue	대화를 따라 해요	83
Practice	연습문제	84

Pattern 10

Let's ~ "(우리) ~하자." · 87

Expression	더 많은 표현으로 익혀요	88
Chant	흥겨운 챈트를 불러 봐요	90
Dialogue	대화를 따라 해요	91
Practice	연습문제	92

Pattern 11

How ~ "~ 어떠니?" · 95

Expression	더 많은 표현으로 익혀요	96
Chant	흥겨운 챈트를 불러 봐요	98
Dialogue	대화를 따라 해요	99
Practice	연습문제	100

Contents

Pattern 12

What ~ "~ 무엇이니?" · 103

Expression 더 많은 표현으로 익혀요 ·············· 104
Chant 흥겨운 챈트를 불러 봐요 ·············· 106
Dialogue 대화를 따라 해요 ·············· 107
Practice 연습문제 ·············· 108

Pattern 13

Where ~ "어디에~ ?" · 111

Expression 더 많은 표현으로 익혀요 ·············· 112
Chant 흥겨운 챈트를 불러 봐요 ·············· 114
Dialogue 대화를 따라 해요 ·············· 115
Practice 연습문제 ·············· 116

Pattern 14

There is ~ " ~ 있어요." · 119

Expression 더 많은 표현으로 익혀요 ·············· 120
Chant 흥겨운 챈트를 불러 봐요 ·············· 122
Dialogue 대화를 따라 해요 ·············· 123
Practice 연습문제 ·············· 124

Pattern 15

I can ~ "나는 ~할 수 있어." · 127

Expression 더 많은 표현으로 익혀요 ·············· 128
Chant 흥겨운 챈트를 불러 봐요 ·············· 130
Dialogue 대화를 따라 해요 ·············· 131
Practice 연습문제 ·············· 132

Pattern 16

I don't ~ "난 ~ 안 해요." · 135

Expression 더 많은 표현으로 익혀요 ·············· 136
Chant 흥겨운 챈트를 불러 봐요 ·············· 138
Dialogue 대화를 따라 해요 ·············· 139
Practice 연습문제 ·············· 140

Pattern 17

동사 카드(현재형+과거형) • 143
정답 • 155
알파벳 따라 쓰기 • 157

I'm~ "난 ~해요."

학교에서 점심을 먹고 왔는데도, 너무 배가 고파요.
그래서 집에 오자마자 엄마에게 **I am hungry.** "나 배고파요."라고 말하죠.
그럼 엄마가 맛있는 간식을 주지요.
그런데 영어에서는 줄여서 쓰는 것을 좋아해요.
그래서 **I am hungry.**를 **I'm hungry.**라고 말하고 써요.
오늘 너무 행복하면 **I'm happy.** "난 행복해요."라고 말해요.
아프면 **I'm sick.** "난 아파요."라고 말해요.
자, 우리 **I'm ~**라는 표현을 배워 봐요.

Expression 더 많은 표현으로 익혀요.

I'm happy.
"난 행복해요."

I'm hungry.
"난 배고파요."

I'm late.
"난 늦었어요."

I'm sick.
"난 아파요."

I'm sleepy.
"난 졸려요."

I'm glad to meet you.
"난 너를 만나서 반가워요."

New Words 새로운 단어를 배워 봐요.

I	나	sick	아픈
am	~이다	sleepy	졸린
hungry	배고픈	glad	즐거운
happy	행복한	meet	만나다
late	늦은	you	너, 너를

Chant 흥겨운 챈트를 불러 봐요.

Are you hungry? Are you hungry?

I'm hungry. I'm hungry.

Are you sleepy? Are you sleepy?

I'm sleepy. I'm sleepy.

너 배고프니?
난 배고파요.
너 졸리니?
난 졸려요.

bed
침대

bag
가방

bus
버스

bat
방망이

book
책

bird
새

Mom, I'm sick.

 What's wrong?

 I have a fever.

 Take this medicine.

J: 엄마, 나 아파요.
M: 어떻게 아프니?
J: 열이 있어요.
M: 이 약 좀 먹어라.

Practice   연습문제

 스티커를 붙이며 확인해요.

"난 배고파요."

❶

"난 행복해요."

❷

"난 졸려요."

❸

① ② ③

 3 한글 표현에 맞는 영어 표현을 쓰세요.

① 난 배고파요. _____ **hungry.**

② 난 늦었어요. _____ **late.**

③ 난 너를 만나서 반가워요. _____ **glad to meet you.**

 4 단어를 완성하세요.

① **h __ __ py**
행복한

② **h __ __ gry**
배고픈

③ **s __ __ k**
아픈

5 표현과 맞는 그림에 선을 그으세요.

1 **I'm sick.**

a

2 **I'm late.**

b

3 **I'm glad to meet you.**

c

Are you ~
"너 ~하니?"

친구에게 "너 ~하니?"라고 물을 때, 영어로 어떻게 하면 좋을까요?
영어는 '~하니'라는 **are**를 먼저 쓰고, '너'라는 **you**를 그 다음에 써요.
우리말하고 반대이지요.
추운 날 친구가 집에 놀러 왔을 때,
Are you cold? "너 춥니?"라고 하면서
따뜻한 코코아 한잔을 주면 좋아하겠지요.
친구와 같이 놀다가 엄마가 맛있는 간식을 주기 위해서
Are you hungry? "너희들 배고프니?"라고 물으면
너무 좋아서 **Yes**라고 대답하겠지요.
이제 **Are you ~**라는 표현을 배워 봐요.

Expression 더 많은 표현으로 익혀요.

Are you cold?
"너 춥니?"

Are you okay?
"너 괜찮니?"

Are you tired?
"너 피곤하니?"

Are you sleepy?
"너 졸리니?"

Are you scared?
"너 무섭니?"

Are you ready?
"너 준비됐니?"

 New Words 새로운 단어를 배워 봐요.

are	~이다	sleepy	졸린
you	너	scared	무서운
cold	추운	ready	준비된
okay	좋아		
tired	피곤한		

 Chant 흥겨운 챈트를 불러 봐요.

Are you cold? Are you cold?

No, I'm hot. No, I'm hot.

Are you ready? Are you ready?

Sure. Sure.

너 춥니?
아니요. 더워요.
너 준비됐니?
물론이지.

 Alphabet Sound c /ㅋ/ 소리를 배워요.

cap
모자

car
자동차

cat
고양이

cup
컵

cake
케이크

candy
사탕

Dialogue 대화를 따라 해요.

Let's go in.

I'm scared.

Don't worry. I'm with you.

Alright.

> D: 안에 들어가자.
> E: 저 무서워요.
> D: 걱정하지 마. 내가 함께 있잖아.
> E: 알았어요.

스티커를 붙이며 확인해요.

"너 춥니?"

❶

"너 피곤하니?"

❷

"너 무섭니?"

❸

2 듣고 맞는 그림을 찾으세요.

①

②

③

 3 한글 표현에 맞는 영어 표현을 쓰세요.

① 너 춥니? _____ _____ **cold?**

② 너 피곤하니? _____ _____ **tired?**

③ 너 준비됐니? _____ _____ **ready?**

 4 단어를 완성하세요.

① **c _ _ d**
추운

② **o _ _ y**
좋아

③ **s _ _ epy**
졸린

1 **Are you okay?** •

a

2 **Are you sleepy?** •

b

3 **Are you ready?** •

c

Can I ~

"(내가) ~ 해도 될까요?"

아빠와 함께 외국인 가게에 들어갔어요.
들어가자마자 외국인 직원이
Can I help you? "도와드릴까요?"라고 말하는 것 아니겠어요?
그랬더니, 아빠가 그 직원과 영어로 말을 하는 것이에요.
너무 놀랐어요.
그리고 제가 아빠에게 다리가 아파서, 앉고 싶다고 하니까
아빠가 저에게 **Can I sit here?** "여기 앉아도 될까요?"라고 말하라고 해서
말했더니, 직원이 의자를 내주어 자리에 앉아서 편하게 쉴 수가 있었어요.
우리 **Can I ~**라는 표현을 배워 봐요.

Expression 더 많은 표현으로 익혀요.

Can I help you?
"(내가) 도와드릴까요?"

Can I sit here?
"(내가) 여기에 앉아도 될까요?"

Can I go home?
"(내가) 집에 가도 되나요?"

Can I see it?
"(내가) 그것을 봐도 되나요?"

Can I have some cookies?
"(내가) 쿠키를 좀 먹어도 되나요?"

Can I use your pencil?
"(내가) 네 연필을 써도 되나요?"

New Words 새로운 단어를 배워 봐요.

can	~할 수 있다	**see**	보다
help	도와주다	**have**	먹다
sit	앉다	**some**	약간의
here	여기에	**cookie**	쿠키
go	가다	**use**	사용하다
home	집	**pencil**	연필

Chant 흥겨운 챈트를 불러 봐요.

Can I sit here? Can I sit here?

Of course. Of course.

Can I have some cookies? Can I have some cookies?

Help yourself. Help yourself.

여기에 앉아도 되나요?
물론이지.
쿠키 좀 먹어도 되나요?
마음껏 드세요.

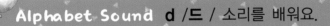

Alphabet Sound d /드 / 소리를 배워요.

dad
아빠

dog
개

dot
점

desk
책상

doll
인형

duck
오리

34

What time is it now?

It's eight twenty.

Can I go home?

Sure.

J: 지금 몇 시니?
E: 8시 20분이야.
J: 집에 가도 되지?
E: 물론이지.

1 스티커를 붙이며 확인해요.

"도와 드릴까요?"

1

"내가 여기에 앉아도 되나요?"

2

"내가 그것을 봐도 되나요?"

3

2 듣고 맞는 그림을 찾으세요.

①

②

③

3 한글 표현에 맞는 영어 표현을 쓰세요.

① 내가 도와드릴까요? _____ _____ **help you?**

② 내가 그것을 봐도 되나요? _____ _____ **see it?**

③ 내가 쿠키를 좀 먹어도 되나요? _____ _____ **have some cookies?**

4 단어를 완성하세요.

① h __ __ p
돕다

② h __ __ e
집

③ c __ __ kie
쿠키

1 Can I have some cookies?

a

2 Can I use your pencil?

b

3 Can I go home?

c

Can you ~

"~할수 있나요?"

친구와 함께 수영장에 가려고 할 때,
수영을 할 수 있는지 물어보고 싶으면,
Can you swim? "너 수영할 수 있니?"라고 물어볼 수 있겠지요?
또한 학교에서 친구와 열심히 놀다가 집에 가려고 하는데
책가방을 찾을 수 없어서, 친구에게 부탁할 수 있겠죠.
Can you find my schoolbag? "너 내 책가방 찾아줄 수 있니?"라고 말이에요.
자, 우리 " ~할 수 있나요?"
Can you ~라는 표현을 배워 봐요.

Expression 더 많은 표현으로 익혀요.

Can you swim?
"너 수영할 수 있니?"

Can you dance?
"너 춤출 수 있니?"

Can you help me?
"너 나 좀 도와줄 수 있니?"

Can you ride a bike?
"너 자전거 탈 수 있니?"

Can you turn off the television?
"텔레비전을 꺼 줄 수 있니?"

Can you find my schoolbag?
"내 가방 좀 찾아 줄 수 있니?"

New Words 새로운 단어를 배워 봐요.

swim	수영하다		**me**	나를
dance	춤추다		**help**	도와주다
ride	타다		**find**	찾다
bike	자전거		**my**	나의
turn off	끄다		**schoolbag**	가방
television	텔레비전			

Chant 흥겨운 챈트를 불러 봐요.

Can you help me? Can you help me?

What is it? What is it?

Can you find my schoolbag?

Can you find my schoolbag?

Sure. Sure.

너 나 좀 도와줄래?
뭔데?
내 책가방 좀 찾아 줄래?
물론이지.

fish
물고기

frog
개구리

fire
불

four
4

fly
날다

flag
깃발

Is this your bike?

 Yes.

 Can you ride a bike?

 Of course.

J: 이것이 네 자전거니?
E: 그래.
J: 너 자전거 탈 수 있니?
E: 물론이지.

스티커를 붙이며 확인해요.

"너 수영할 수 있니?"

❶

"텔레비전을 꺼 줄 수 있니?"

❷

"나 좀 도와줄 수 있니?"

❸

2 듣고 맞는 그림을 찾으세요.

①

②

③

3 한글 표현에 맞는 영어 표현을 쓰세요.

① 나 좀 도와줄 수 있니? _____ _____ **help me?**

② 텔레비전을 꺼 줄 수 있니? _____ _____ **turn off the television?**

③ 내 가방 좀 찾아 줄 수 있니? _____ _____ **find my school bag?**

4 단어를 완성하세요.

① **s _ _ m**
수영하다

② **d _ _ ce**
춤추다

③ **f _ _ d**
찾다

5 표현과 맞는 그림에 선을 그으세요.

1 **Can you find my schoolbag?**

a

2 **Can you ride a bike?**

b

3 **Can you dance?**

c

Do you ~
"너 ~하니?"

내가 피자를 너무 좋아해서, 친구와 같이 먹고 싶은데
친구에게 "너 피자 좋아하니?"라고 물어볼 때
어떻게 하면 좋을까요?
I want pizza.는 내가 피자를 원하는 것이고,
"너 피자 먹고 싶니?" 할 때는
물어보기 위해서는 "**do**"라는 것이 필요해요.
그래서 Do를 먼저 쓰고(영어에서 문장의 처음은 대문자를 써요.),
Do you want pizza?라고 쓰면 돼요.
"너 개 좋아하니?"라고 물어보고 싶을 때도,
Do를 먼저 쓰고,
Do you like a dog?라고 하면 돼요.
자, 우리 **Do you ~**라는 표현을 배워 봐요.

Do you want pizza?
"너 피자 원하니?"

Do you want ice-cream?
"너 아이스크림 원하니?"

Do you like a dog?
"너 개 좋아하니?"

Do you like a banana?
"너 바나나 좋아하니?"

Do you have a cap?
"너 모자 가지고 있니?"

Do you have candles?
"너 양초를 가지고 있니?"

 New Words 새로운 단어를 배워 봐요.

a	하나	banana	바나나
want	원하다	cap	모자
pizza	피자	have	가지다
ice-cream	아이스크림	candle	양초
like	좋아하다		

Chant 흥겨운 챈트를 불러 봐요.

Do you like a dog? Do you like a dog?

No, I don't. No, I don't.

Do you have candles? Do you have candles?

Yes, I do. Yes, I do.

너 개 좋아하니?
아니, 좋아하지 않아요.
너 양초 가지고 있니?
예, 가지고 있어요.

 Alphabet Sound g /그/ 소리를 배워요.

girl	**goat**	**game**
소녀	염소	게임

gold	**grass**	**gorilla**
금	잔디	고릴라

Dialogue 대화를 따라 해요.

 **Do you want pizza?**

No, I don't.

Do you want ice-cream?

Yes, I do.

D: 너 피자 먹고 싶니?
J: 아니요.
D: 아이스크림 먹고 싶니?
J: 예, 그래요.

스티커를 붙이며 확인해요.

"너 아이스크림 원하니?"

①

"너 개 좋아하니?"

②

"너 모자 가지고 있니?"

③

2 듣고 맞는 그림을 찾으세요.

①

②

③

 3 한글 표현에 맞는 영어 표현을 쓰세요.

① 너 아이스크림 원하니? _____ _____ **want ice-cream?**

② 너 바나나 좋아하니? _____ _____ **like a banana?**

③ 너 양초를 가지고 있니? _____ _____ **have candles?**

 4 단어를 완성하세요.

① **l _ _ e**
좋아하다

② **h _ _ e**
가지다

③ **c _ _ dle**
양초

5 표현과 맞는 그림에 선을 그으세요.

1 **Do you want pizza?**

a

2 **Do you like a banana?**

b

3 **Do you have candles?**

c

I like ~

"난 ~ 좋아해요."

새 학기가 되어서 학교에 갔는데
옆에 앉은 짝이 너무 너무 맘에 드는 것이에요.
그래서 영어로 **I like you.** "나 네가 좋아."라고 하니까.
옆의 짝이 알아듣고, **Me, too.** "나도 좋아."라고 하는 것이 아니겠어요.
그래서 **I like your dress.** "난 네 옷이 좋아."라고 했더니.
빙그레 웃지 않겠어요.
그날 저는 너무 기분이 좋았어요.

우리 **I like ~**라는 표현을 배워 봐요.

Expression 더 많은 표현으로 익혀요.

I like you.
"난 너를 좋아해요."

I like dogs.
"난 개를 좋아해요."

I like swimming.
"난 수영하는 것을 좋아해요."

I like your dress.
"난 너의 옷이 좋아요."

I like to dance.
"난 춤추는 것을 좋아해요."

I like to ride my bike.
"난 자전거 타는 것을 좋아해요."

 **New Words** 새로운 단어를 배워 봐요.

like	좋아하다	dance	춤추다
dog	개	ride	타다
your	너의	my	나의
swimming	수영하는 것	bike	자전거
dress	옷		

 Chant 흥겨운 챈트를 불러 봐요.

What do you like? What do you like?

I like swimming. I like swimming.

What do you like? What do you like?

I like to dance. I like to dance.

너 무엇을 좋아하니?
난 수영하는 것을 좋아해요.
너 무엇을 좋아하니?
난 춤추는 것을 좋아해요.

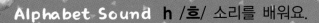

Alphabet Sound h /흐/ 소리를 배워요.

ham
햄

hat
모자

hen
닭

hand
손

home
집

hippo
하마

Dialogue 대화를 따라 해요.

 Do you like swimming?

Yes, I do.

How about swimming today?

Okay.

E: 너 수영하는 거 좋아하니?
J: 좋아해.
E: 오늘 수영하러 갈까?
J: 좋아.

스티커를 붙이며 확인해요.

"난 개를 좋아해요."

❶

"난 수영하는 것을 좋아해요."

❷

"난 춤추는 것을 좋아해요."

❸

2 듣고 맞는 그림을 찾으세요.

①

②

③

 3 한글 표현에 맞는 영어 표현을 쓰세요.

① 난 너를 좋아해요. _____ _____ **you.**

② 난 수영하는 것을 좋아해요. _____ _____ **swimming.**

③ 난 춤추는 것을 좋아해요.. _____ _____ **to dance.**

 4 단어를 완성하세요.

①**s _ _ w**   ②**r _ _ e**   ③**d _ _ ss**

눈   타다   옷

1 **I like you.**

a

2 **I like your dress.**

b

3 **I like to ride my bike.**

c

I have ~

"난 ~ 있어요."

오늘은 학교 개교기념일이어서 학교에 가지 않았어요.
엄마도 집에 안 계시고 해서
낮 동안 내내 컴퓨터 게임을 했더니,
저녁에 머리가 너무 아픈 것이에요.
그래서 엄마, "나 머리가 아파."라고 하고 싶은데,
영어로 하면 꾸중을 안 하실 것 같아서
I have a headache.라고 했더니,
엄마가 정말로 낮에 게임만 했던 것에는 화를 안 내고
약을 주며 푹 자라고 하는 것이 아니겠어요.
자, 우리 **I have ~** "난 ~ 있어요."라는 표현을 배워 봐요.

Expression 더 많은 표현으로 익혀요.

I have a cap.
"난 모자 하나가 있어요."

I have a dream.
"난 꿈이 있어요."

I have two toys.
"난 장난감이 두개 있어요."

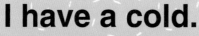

I have a cold.
"난 감기가 있어요(걸렸어요)."

I have a headache.
"난 두통이 있어요."

I have many nicknames.
"난 별명이 많이 있어요."

New Words 새로운 단어를 배워 봐요.

have	가지고 있다	**many**	많은
cap	모자	**nickname**	별명
dream	꿈	**cold**	추운, 감기
two	둘	**headache**	두통
toy	장난감		

Chant 흥겨운 챈트를 불러 봐요.

What's wrong? What's wrong?

I have a cold. I have a cold.

What's wrong? What's wrong?

I have a headache. I have a headache.

무슨 일이니?
저 감기에 걸렸어요.
무슨 일이니?
저 두통이 있어요.

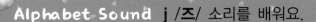

Alphabet Sound j /즈/ 소리를 배워요.

jam 잼	**jet** 제트	**June** 6월
Jell-O 젤로	**jacket** 재킷	**jungle** 정글

66

Do you have a dream?

 Yeah.

 What is it?

 I want to be a teacher.

D: 너 꿈을 가지고 있니?
J: 예.
D: 무엇이니?
J: 전 선생님이 되고 싶어요.

스티커를 붙이며 확인해요.

"난 꿈이 있어요."

❶

"난 장난감이 두 개 있어요."

❷

"난 두통이 있어요."

❸

2 듣고 맞는 그림을 찾으세요.

① ② ③

3 한글 표현에 맞는 영어 표현을 쓰세요.

① 난 꿈이 있어요. _____ _____ **a dream.**

② 난 두통이 있어요. _____ _____ **a headache.**

③ 난 별명이 많이 있어요. _____ _____ **many nicknames.**

4 단어를 완성하세요.

① **m __ __ y**
많은

② **d __ __ am**
꿈

③ **h __ __ dache**
두통

1 **I have a cap.** • .... • a

2 **I have a cold.** • • b

3 **I have many nicknames.** • • c

It's ~

"(그것은) ~이다"

교실에서 친구와 놀다가 새로 산 필통을 잃어버렸어요.
정말 운이 없는 날이에요. 방과후 친구들과 청소를 하는데,
내 뒤에 앉은 친구가 쓰레기통 옆에서 필통을 주워서
"이거 누구 것이니?"하고 물어보는 것이 아니겠어요.
제가 뒤돌아보면서 **It's mine. It's mine.**
"그거 내 거야."라고 소리쳤어요.
그랬더니 친구가 가져다 주었어요.
다행인 하루였어요.
"무엇은 어디에 있니?" 물어볼 때 "그것은 ~ 있어요."라고 대답할 수 있는
It's ~라는 표현을 배워 봐요.
그리고 **It's**는 **It is**의 줄임말인 것은 다 알고 있겠죠.

Expression 더 많은 표현으로 익혀요.

It's mine.
"그것은 내 것이에요."

It's cute.
"그것은 귀여워요."

It's sunny.
"날씨가 맑아요."

It's on the table.
"그것은 탁자 위에 있어요."

It's 8
o'clock.
"8시예요."

It's Saturday
today.
"오늘은 토요일이에요."

New Words   새로운 단어를 배워 봐요.

it	그것	**on**	~위에
is	~이다	**table**	탁자
mine	내 것	**Saturday**	토요일
cute	귀여운	**today**	오늘
sunny	맑은, 밝게 비치는	**o'clock**	정각

73

Chant 흥겨운 챈트를 불러 봐요.

What time is it? What time is it?

It's 8 o'clock. It's 8 o'clock.

What day is it today? What day is it today?

It's Saturday today. It's Saturday today.

몇 시예요?
8시예요.
오늘 무슨 요일이에요?
오늘은 토요일이에요.

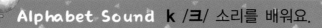

Alphabet Sound k /ㅋ/ 소리를 배워요.

key
열쇠

king
왕

kid
어린이

kitchen
부엌

koala
코알라

kangaroo
캥거루

Dialogue 대화를 따라 해요.

 How is the weather today?

 It's sunny.

 Do you play outside?

 Alright.

E: 오늘 날씨가 어때?
J: 맑아.
E: 밖에 나가서 놀래?
J: 좋아.

스티커를 붙이며 확인해요.

"그것은 내 것이에요."

❶

"날씨가 맑아요."

❷

"8시예요."

❸

2 듣고 맞는 그림을 찾으세요.

①

②

③

3 한글 표현에 맞는 영어 표현을 쓰세요.

① 그것은 내 것이에요. _____ **mine.**

② 그것은 귀여워요. _____ **cute.**

③ 그것은 테이블 위에 있다. _____ **on the table.**

4 단어를 완성하세요.

① **m _ _ e**
내 것

② **t _ _ le**
탁자

③ **S _ _ urday**
토요일

5 표현과 맞는 그림에 선을 그으세요.

1 **It's cute.** •   • a

2 **It's on the table.** •   • b

3 **It's Saturday today.** •   • c

Is it ~

"그것 ~하니?"

아빠가 오늘은 휴일이니 극장에 가자고 해서
무슨 영화를 볼까 이야기를 나누다가
형이 온 가족이 다 볼 수 있는 영화를 보자고 하면서 선택하는 것이 아니겠어요.
그래서 나는 형에게 **Is it interesting?**
"그거 재미있어?"라고 영어로 물어봤어요.
그랬더니, 형이 재미있다고 했어요.
나는 기대를 잔뜩 하고 영화를 보았어요.
그런데 영화가 너무 재미 없었어요.
내가 형에게 **Is it boring?** "그거 지루해?"라고 물어볼 것 그랬어요.
자, 우리 "그것 ~하니?"라는
Is it ~이라는 표현을 배워 봐요.

Is it over?
"그것이 끝났니?"

Is it interesting?
"그것이 재미있니?"

Is it boring?
"그것이 지루하니?"

Is it true?
"그것이 사실이니?"

Is it time to eat?

"식사할 시간이니?"

Is it okay to drink this juice?

"이 주스를 마셔도 되나요?"

 New Words 새로운 단어를 배워 봐요.

it	그것	eat	먹다
over	~위에	okay	괜찮다
interesting	재미있는	drink	마시다
boring	지루한	this	이것
true	사실	juice	주스
time	시간		

Chant 흥겨운 챈트를 불러 봐요.

Is it boring? Is it boring?

No, it isn't. No, it isn't.

Is it interesting? Is it interesting?

Yes, it is. Yes, it is.

그것은 지루하니?
아니요.
그것은 재미있니?
예, 그래요.

Alphabet Sound l /르/ 소리를 배워요.

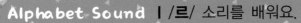

lion
사자

leg
다리

lamb
새끼 양

lemon
레몬

lens
렌즈

leaf
나뭇잎

I like board game.

Is it interesting?

Sure. Let's play together.

OK.

E: 난 보드게임을 좋아해.
J: 그것 재미있니?
E: 물론이지. 같이 하자.
J: 좋아.

스티커를 붙이며 확인해요.

"그것 재미있니?"

❶

"그것 지루하니?"

❷

"식사할 시간이니?"

❸

듣고 맞는 그림을 찾으세요.

①

②

③

 한글 표현에 맞는 영어 표현을 쓰세요.

① 그것 끝났니? _____ _____ **over?**

② 그것 재미있니? _____ _____ **interesting?**

③ 그것 사실이니? _____ _____ **true?**

 단어를 완성하세요.

① t _ _ e   ② d _ _ nk   ③ i _ _ eresting

시간　　　　마시다　　　　재미있는

1 **Is it okay to drink this juice?**

a

2 **Is it true?**

b

3 **Is it over?**

c

Let's ~
"(우리) ~하자."

새로 한 아이가 우리 반에 들어왔어요.
그 아이가 내 옆에 앉게 되었어요.
처음 우리 학교에 왔으니, 친구가 없을 것 같아서,
내가 작은 목소리로 **Let's be friends.** "우리 친구하자."라고 하니까
그 친구가 너무 좋아하는 것 아니겠어요.
그리고나서 그 애가 나에게
Let's have lunch together. "점심 같이 먹자."라고
영어로 말하는 것이 아니겠어요.
저도 너무 좋아서 우리는 바로 친하게 되었어요.
멋진 하루였어요.
우리 **Let's ~**라는 표현을 배워 봐요.

Expression 더 많은 표현으로 익혀요.

Let's go.
"가자."

Let's play a game.
"게임하자."

Let's stay home.
"집에 있자."

Let's be friends.
"친구하자."

Let's meet at 6 o'clock.
"6시에 만나자."

Let's have lunch together.
"함께 점심 먹자."

New Words 새로운 단어를 배워 봐요.

Let's	~하자	**together**	함께
play	놀다	**be**	~되다, ~이다
game	게임, 놀이	**friend**	친구
stay	머무르다	**meet**	만나다
home	집	**at**	~에
lunch	점심	**o'clock**	~시, 정각

 Chant 흥겨운 챈트를 불러 봐요.

Let's play a game. Let's play a game.

What time? What time?

Let's meet at 6 o'clock. Let's meet at 6 o'clock.

Okay. Okay.

우리 게임하자.
몇 시에?
6시에 만나자.
좋아.

 Alphabet Sound m /므/ 소리를 배워요.

map
지도

man
남자

mat
매트, 돗자리

mouse
쥐

milk
우유

melon
멜론

Dialogue 대화를 따라 해요.

 What's your name?

My name is Judy. And your name?

My name is Eric.

Let's be friends.

E: 너의 이름은 무엇이니?
J: 내 이름은 주디야. 너의 이름은?
E: 내 이름은 에릭이야.
J: 우리 친구하자.

스티커를 붙이며 확인해요.

❶

"가자."

❷

"게임하자."

❸

"함께 점심을 먹자."

2 듣고 맞는 그림을 찾으세요.

①  ②  ③

 3 한글 표현에 맞는 영어 표현을 쓰세요.

① 게임하자. _____ **play a game.**

② 함께 점심 먹자. _____ **have lunch together.**

③ 6시에 만나자. _____ **meet at 6 o'clock.**

 4 단어를 완성하세요.

① **g _ _ e** ② **l _ _ ch** ③ **t _ _ e t h e r**

  게임, 놀이   점심   함께

5 표현과 맞는 그림에 선을 그으세요.

1 **Let's stay home.**

a

2 **Let's meet at 6 o'clock.**

b

3 **Let's be friends.**

c

How ~

"~ 어떠니?"

오늘 학교에 갔다오니, 엄마가 **How was your school?**
"학교(생활)가 어땠니?"라고 물어 보시는 것이 아니겠어요.
저는 그저 그렇다고 했어요.
그랬더니, **How was the class?** "수업은 어땠니?"라고 물어 보시는 것이에요.
좋다고 대답을 안 하면 계속 물어보실 것 같아서
좋다고 했어요. 사실 재미도 있었고요.
엄마에게 질문을 받고 보니
How ~라는 표현을 참으로 많이 쓰는 것 같아요.
우리 **How ~**라는 표현을 배워 봐요.

Expression 더 많은 표현으로 익혀요.

How old are you?
"네 나이는 어떻게 되니?"

How is the weather?
"날씨는 어떠니?"

How much is it?
"그것의 값은 어떻게 되니?"

How was your school?
"너의 학교는 어땠니?"

How was the class?
"그 수업은 어땠니?"

How big is your family?
"너의 가족은 몇 명이니?"

New Words 새로운 단어를 배워 봐요.

how	어떻게, 얼마나	**school**	학교
the	그	**was**	~ 이었다
old	나이 든	**class**	수업
weather	날씨	**big**	큰
much	많은	**family**	가족

Chant 흥겨운 챈트를 불러 봐요.

How is the weather? How is the weather?
It's sunny. It's sunny.
How is the weather? How is the weather?
It's rainy. It's rainy.

날씨는 어떠니?
맑아요.
날씨는 어떠니?
비가 와요.

net
그물

nap
낮잠

nut
땅콩

nine
9

nest
둥지

nose
코

98

Dialogue 대화를 따라 해요.

How old are you?

I'm 8 years old.

How big is your family?

It's 5.

J: 너 나이가 몇이니?
E: 난 여덟 살이야.
J: 너의 가족은 몇 명이니?
E: 다섯 명이야.

스티커를 붙이며 확인해요.

"나이가 어떻게 되니?"

❶

"날씨가 어떠니?"

❷

"너의 학교는 어땠니?"

❸

2 듣고 맞는 그림을 찾으세요.

①

②

③

 3 한글 표현에 맞는 영어 표현을 쓰세요.

① 너 나이는 어떻게 되니? _____ **old are you?**

② 네 학교는 어땠니? _____ **was your school?**

③ 날씨는 어떠니? _____ **is the weather?**

 4 단어를 완성하세요.

① **o _ d**
나이 든

② **c _ _ ss**
수업, 학급

③ **f _ _ ily**
가족

5 표현과 맞는 그림에 선을 그으세요.

1. **How much is it?**

a

2. **How was the class?**

b

3. **How big is your family?**

c

What ~

"~ 무엇이니?"

친구와 '**what**이 들어가는 말 누가 더 많이 아나?'
놀이를 했어요. 이 친구는 영어에 자신이 있대요.
나도 영어에 자신이 있어서 하기로 했지요.
내가 먼저 **What's this?** "이것이 무엇이니?"라고 하니까
친구가 **What's that?** "저것은 무엇이니?"라고 하는 것이 아니겠어요.
내가 **What's your name?** "이름은 무엇이니?" 하니까
친구가 **What color is it?** "무슨 색깔이니?"라고 하는 것이에요.
내가 다음 말을 해야 하는데 갑자기 다른 표현이 생각이 안 나는 것이에요.
친구가 기다리다가 **What do you want?** "무엇을 원하니?"라고 말하는 것이에요.
제가 졌지요.
다음에 이길 수 있도록
What ~이라는 표현을 배워 봐요.

Expression 더 많은 표현으로 익혀요.

What is this?
"이것은 무엇이니?"

What's your name?
"너의 이름은 무엇이니?"

What color is it?
"그것은 무슨 색깔이니?"

What do you want?
"너는 무엇을 원하니?"

What are you doing?
"넌 무엇을 하고 있는 중이니?"

What day is it today?
"오늘은 무슨 요일이니?"

New Words 새로운 단어를 배워 봐요.

what	무엇	**want**	원하다
this	이것	**doing**	~하는 것
your	너의	**day**	날, 날짜
name	이름	**today**	오늘
color	색깔		

Chant 흥겨운 챈트를 불러 봐요.

What day is it today? What day is it today?
It's Monday. It's Monday.
What day is it today? What day is it today?
It's Sunday. It's Sunday.

오늘은 무슨 요일이에요?
월요일이에요.
오늘은 무슨 요일이에요?
일요일이에요.

Alphabet Sound p /프/ 소리를 배워요.

pen
펜

pig
돼지

pin
핀

pink
핑크색

panda
팬더

pizza
피자

106

What's this?

 It's a doll.

 What color is it?

 It's yellow.

J: 이것은 무엇이니?
E: 그것은 인형이야.
J: 그것은 무슨 색이니?
E: 그것은 노랑색이야.

스티커를 붙이며 확인해요.

"이것은 무엇이에요?"

❶

"너의 이름은 무엇이니?"

❷

"그것은 무슨 색이니?"

❸

2 듣고 맞는 그림을 찾으세요.

①

②

③

 3 한글 표현에 맞는 영어 표현을 쓰세요.

① 이것은 무엇이니? _____ **is this?**

② 이것은 무슨 색이니? _____ **color is it?**

③ 넌 무엇을 원하니? _____ **do you want?**

 4 단어를 완성하세요.

① **t __ __ s**
이것

② **n __ __ e**
이름

③ **c __ __ or**
색깔

5 표현과 맞는 그림에 선을 그으세요.

1 **What are you doing?** •

a

2 **What do you want?** •

b

3 **What day is it today?** •

c

Where ~
"어디에~?"

어제 늦게까지 텔레비전을 보고 자다가
오늘 늦게 일어나서 막 학교 갈 준비를 하다보니 양말이 없는 것이 아니겠어요.
그래서 엄마에게 **Where are my socks?** "내 양말 어디에 있나요?"라고
물었더니, 엄마가 빨래 건조대에서 가져다주는 것이 아니겠어요.
그래서 그것을 신고 가려고 하는데, 가방이 없는 것이에요.
그래서 다시 엄마에게 **Where is my schoolbag?** "내 책가방 어디에 있나요?"
라고 물었더니,
엄마가 소파 밑에서 찾아다 주는 것이 아니겠어요.
너무 죄송했어요. 다음에는 미리 다 준비해 놓아야겠어요.
우리 **Where ~**라는 표현을 배워 봐요.

Expression 더 많은 표현으로 익혀요.

Where is my toy?
"내 장난감은 어디에 있니?"

Where is the bathroom?
"화장실은 어디에 있니?"

Where is your mom?
"너의 엄마는 어디에 계시니?"

Where are my socks?
"내 양말은 어디에 있나요?"

Where do you live?
"너는 어디에 사니?"

Where are you going?
"너는 어디에 가는 중이니?"

New Words 새로운 단어를 배워 봐요.

where	어디에		**mom**	엄마
my	나의		**live**	살다
toy	장난감		**sock**	양말
bathroom	욕실, 화장실		**go**	가다
your	너의			

Chant 흥겨운 챈트를 불러 봐요.

Where is my toy? Where is my toy?
It's under the sofa. It's under the sofa.
Where are my socks? Where are my socks?
They're in the cabinet. They're in the cabinet.

내 장난감은 어디에 있나요?
그것은 소파 아래에 있어요.
내 양말은 어디에 있나요?
그것들은 서랍 안에 있어요.

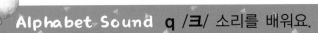

Alphabet Sound q /ㅋ/ 소리를 배워요.

queen	**q**uilt	**q**uiz
여왕	누비이불	퀴즈
question	**q**uiet	**q**uick
질문	조용한	빠른

Dialogue 대화를 따라 해요.

Where is the bathroom?

I beg your pardon.

Where is the restroom?

Oh, yes. It's on the second floor.

E: 화장실이 어디 있나요?
C: 다시 한번 말해 주세요.
E: 화장실이 어디 있나요?
C: 오, 알겠어요. 2층에 있어요.

115

스티커를 붙이며 확인해요.

"내 장난감은 어디에 있니?"

❶

"너의 엄마는 어디에 계시니?"

❷

"너는 어디에 사니?"

❸

2 듣고 맞는 그림을 찾으세요.

①   ②   ③

3 한글 표현에 맞는 영어 표현을 쓰세요.

① 화장실은 어디에 있니? _____ **is the bathroom?**

② 너의 엄마는 어디에 계시니? _____ **is your mom?**

③ 너는 어디에 가고 있는 중이니? _____ **are you going?**

4 단어를 완성하세요.

① **l _ _ e**   ② **s _ _ k**   ③ **b _ _ h r o o m**
   살다   양말   화장실, 욕실

1 **Where is the bathroom?**

a

2 **Where are my socks?**

b

3 **Where are you going?**

c

There is~
"~있어요."

영어로 **There is a party tonight.** "오늘 저녁에 파티가 있다."라는
말이 교실에 붙어 있는 것이 아니겠어요.
그래서 내가 친구에게 무슨 파티냐고 물었더니
생일 파티라는 것이 아니겠어요.
누구 생일 파티일까? 서로 물어보는데
나하고 아주 친한 친구가 내 생일 파티라는 것이에요.
저는 너무 놀랐어요.
교실 달력을 보니까. 제 생일 아니겠어요.
그래서 엄마에게 전화해서
오늘 저녁에 생일파티 해 달라고 했어요.
우리 **There is ~**라는 표현을 배워 봐요.
그리고 하나 이상일 때는 **is**를 **are**로 바꾸어서
There are ~라고 쓰는 것 다 알고 있죠.

There is a robot.
"로봇 하나가 있어요."

There is a party tonight.
"오늘 밤에 파티가 있어요."

There are two boys.
"두 명의 소년이 있어요."

There are three girls.
"세 명의 소녀가 있어요."

There is a pencil on the desk.
"책상 위에 연필 한 자루가 있어요."

There are many cars in Seoul.
"서울에는 많은 차가 있어요."

New Words 새로운 단어를 배워 봐요.

robot	로봇	girl	소녀
party	파티	pencil	연필
tonight	오늘 밤	desk	책상
two	둘	many	많은
three	셋	car	자동차
boy	소년	Seoul	서울

Chant 흥겨운 챈트를 불러 봐요.

♪

There is a party tonight. There is a party tonight.

Really. Really.

There are many cars in Seoul.

There are many cars in Seoul.

Wow! Wow!

오늘 밤에 파티가 있어요.
정말로.
서울에는 많은 차들이 있어요.
와!

Alphabet Sound r /르/ 소리를 배워요.

ring
반지

rock
바위

robot
로봇

radio
라디오

rabbit
토끼

ribbon
리본

Is there a party tonight?

Yes, there is. Let's go together.

What party is it?

It's Peter's birthday party.

> J: 오늘 밤에 파티가 있니?
> E: 그래, 있어. 같이 가자.
> J: 무슨 파티인데?
> E: 피터의 생일파티야.

123

스티커를 붙이며 확인해요.

"오늘 밤 파티가 있어요."

❶

"세 명의 소녀가 있어요."

❷

"서울에는 많은 차가 있어요."

❸

2 듣고 맞는 그림을 찾으세요.

① ② ③

3 한글 표현에 맞는 영어 표현을 쓰세요.

① 로봇 하나가 있어요. _____ _____ **a robot.**

② 두 명의 소년들이 있어요. _____ _____ **two boys.**

③ 서울에 많은 차들이 있어요. _____ _____ **many cars in Seoul.**

4 단어를 완성하세요.

① **r __ __ ot**　　② **g __ __ l**　　③ **S __ __ ul**
　　로봇　　　　　　소녀　　　　　　서울

5 표현과 맞는 그림에 선을 그으세요.

1 There is a
pencil on the
desk.

a

2 There are two
boys.

b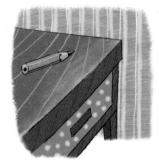

3 There is a
robot.

c

I can ~

"나는 ~할 수 있어"

한 달 동안 수영을 배웠어요. 그래서 친구에게 자랑을 하고 싶어서
영어로 **I can swim.** "난 수영할 수 있어."라고 말했어요.
그랬더니만 친구가 **I can swim very well, too.** "나도 수영을 아주 잘해."라고
말하는 것이에요. 나는 놀랐어요.
그래서 지기 싫어서 **I can play the piano.**
"난 피아노를 칠 수 있어."라고 말하니까.
친구가 빙그레 웃으면서 **I can't play the piano.**
"난 피아노를 못 친다."고 말했어요.
난 약간 기분이 좋았지요.
~할 수 있다는 것은 **can**이고, ~할 수 없다는 것은 **can't**인 것
다 알고 있죠.
우리 **I can ~**이라는 표현을 배워 봐요.

I can play the piano.
"난 피아노를 칠 수 있어요."

I can speak English.
"난 영어를 말할 수 있어요."

I can swim very well.
"난 수영을 잘 할 수 있어요."

I can't help you.
"난 너를 도와줄 수 없어요."

The earth is round, like a ball.

I can't believe it.
"난 그것을 믿을 수 없어요."

I can't meet you tomorrow.
"난 너를 내일 만날 수 없어요."

New Words 새로운 단어를 배워 봐요.

can	~할 수 있다	**well**	잘
piano	피아노	**can't**	~할 수 없다 (cannot의 줄임말)
speak	말하다		
English	영어	**help**	돕다
swim	수영하다	**tomorrow**	내일
very	매우	**believe**	믿다

Chant 흥겨운 챈트를 불러 봐요.

Can you speak English? Can you speak English?

Yes, I can speak English. Yes, I can speak English.

Can you meet me tomorrow?

Can you meet me tomorrow?

No, I can't meet you tomorrow.

No, I can't meet you tomorrow.

너 영어 할 수 있니?
그래, 난 영어 할 수 있어.
내일 나 만날 수 있니?
아니, 난 내일 너 만날 수 없어.

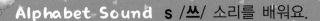

Alphabet Sound s /쓰/ 소리를 배워요.

sea
바다

sun
태양

son
아들

seal
물개

salt
소금

Sunday
일요일

130

Dialogue 대화를 따라 해요.

Can you swim?

Yes, I can.

Can you teach me to swim?

Sure, I can teach you to swim.

J: 너 수영할 수 있니?
E: 그래.
J: 수영하는 것 가르쳐 줄래?
E: 물론이지. 내가 가르쳐 줄게.

스티커를 붙이며 확인해요.

"난 피아노를 칠 수 있어."

①

"난 수영을 잘 할 수 있어요."

②

"난 내일 너를 만날 수 없어요."

③

2 듣고 맞는 그림을 찾으세요.

①

②

③

3 한글 표현에 맞는 영어 표현을 쓰세요.

① 나는 영어를 말할 수 있어요. _____ _____ **speak English.**

② 나는 너를 도울 수 없어요. _____ _____ **help you.**

③ 나는 내일 너를 만날 수 없어요. _____ _____ **meet you tomorrow.**

4 단어를 완성하세요.

① **sp _ _ k**　② **E _ _ lish**　③ **t _ _ orrow**

　　말하다　　　　　영어　　　　　　내일

1 **I can speak English.**

a

2 **I can't help you.**

b

3 **I can't believe it.**

c

I don't ~

"난 ~ 안 해요."

오늘은 엄마를 따라서 큰 마트에 갔어요.
엄마가 식품을 고르시는 것이에요.
그런데 제가 싫어하는 것만 고르시는 것이에요.
건강에 좋다고 하면서.
그래서 저는 **I don't like fish.** "전 생선이 싫어요."
I don't like juice. "전 주스가 싫어요."라고 말했어요.
그랬더니, 엄마가 다시는 마트에 데리고 오지 않겠다고 하셔서 조용히 있었어요.
엄마가 해주신 음식은 아무것이나 다 잘 먹어야겠어요.
그리고 "어제 ~ 안 했어요"라고 말하고 싶을 때는
don't 가 아니고 **didn't**인 것 다 알고 있죠. 몰랐다면 같이 배워요.
우리 **I don't** ~라는 표현을 배워 봐요.

I don't like juice.
"나는 주스를 좋아하지 않아요."

I don't like fish.
"나는 생선을 좋아하지 않아요."

I don't want to go now.
"나는 지금 가고 싶지가 않아요."

I didn't read the book.
"나는 그 책을 읽지 않았어요."

I didn't buy the eraser.
"나는 그 지우개를 사지 않았어요."

I didn't go to school yesterday.
"나는 어제 학교에 가지 않았어요."

New Words 새로운 단어를 배워 봐요.

don't	~하지 않다 (do not의 줄임말)	didn't	~하지 않았다 (did not의 줄임말)
like	좋아하다	read	읽다
juice	주스	buy	사다
fish	생선, 물고기	eraser	지우개
want	원하다	school	학교
now	지금	yesterday	어제

Chant 흥겨운 챈트를 불러 봐요.

Do you like juice? Do you like juice?

No, I don't like juice. No, I don't like juice.

Did you read the book? Did you read the book?

No, I didn't read the book.

No, I didn't read the book.

너 주스 좋아하니?
아니, 난 주스 싫어해.
너 그 책 읽는 것 좋아하니?
아니, 난 그 책 읽는 것 싫어해.

 Alphabet Sound t /트/ 소리를 배워요.

ten 10	**t**oy 장난감	**t**ent 텐트
tiger 호랑이	**t**ruck 트럭	**t**ree 나무

Dialogue 대화를 따라 해요.

Do you like juice?

No, I don't like juice.

Why?

It's too sour.

E: 너 주스 좋아하니?
J: 아니, 난 싫어해.
E: 왜?
J: 그것은 너무 시어.

스티커를 붙이며 확인해요.

"나는 주스를 좋아하지 않아요."

①

"나는 지금 가고 싶지 않아요."

②

"나는 지우개를 사지 않았어요."

③

2 듣고 맞는 그림을 찾으세요.

①  ②  ③

3 한글 표현에 맞는 영어 표현을 쓰세요.

① 전 주스를 좋아하지 않아요. _____ _____ **like juice.**

② 전 지금 가고 싶지 않아요. _____ _____ **want to go now.**

③ 전 어제 학교에 가지 않았어요. _____ _____ **go to school yesterday.**

4 단어를 완성하세요.

① **f _ _ h**　② **j _ _ ce**　③ **y _ _ ter d a y**
물고기　　　　주스　　　　　어제

5 표현과 맞는 그림에 선을 그으세요.

1 I don't like fish.

a

2 I didn't read the book.

b

3 I didn't go to school yesterday.

c

동사 카드
verb card

현재형

come

오다

I come home.

나는 집에 온다.

can

할 수 있다

I can swim.

나는 수영할 수 있다.

came

왔다

Mom came.

엄마가 오셨다.

come

come come

came

came came

could

할 수 있었다

She could run.

그녀는 달릴 수 있었다.

can

can can

could

could could

find

찾다

I will find it.

난 그것을 찾을 거야.

hold

잡다

We hold hands.

우리는 손을 잡다.

drink

마시다

He drinks hot cocoa.

그는 뜨거운 코코아를 마신다.

found

찾았다

I found my jacket in the classroom.

나는 교실에서 나의 재킷을 찾았다.

find

find   find

found

found   found

---

held

잡았다

He held the ball.

그는 공을 잡았다.

hold

hold   hold

held

held   held

---

drank

마셨다

I drank hot cocoa.

나는 뜨거운 코코아를 마셨다.

drink

drink   drink

drank

drank   drank

know

알다

We know him.

우리는 그를 안다.

ride

타다

I ride on a bike.

나는 자전거를 탄다.

have

가지다

I have a cap.

나는 모자를 가지고 있다.

147

knew

know

know   know

알았다

He knew my mother.
그는 나의 엄마를 알고 있었다.

knew

knew   knew

---

rode

ride

ride   ride

탔다

He rode on a roller coaster.
그는 롤러코스터를 탔다.

rode

rode   rode

---

had

have

have   have

가졌다

They had many books.
그들은 많은 책을 가지고 있었다.

had

had   had

am

~이다, 있다

I am happy.

나는 행복하다.

are

~이다, 있다

Are you tired?

너는 피곤하니?

do

~을 하다

Do you like a dog?

너는 개를 좋아하니?

was

있었다

I was sick.

나는 아팠다.

am

am   am

was

was   was

were

있었다

You were fat.

너는 뚱뚱했다.

are

are   are

were

were   were

did

했다

I did the dishes.

나는 설거지를 했다.

do

do   do

did

did   did

150

teach

가르치다

He teaches English in school.

그는 학교에서 영어를 가르친다.

put

넣다, 놓다

Put the pencil on the table.

테이블 위에 연필을 놓아라.

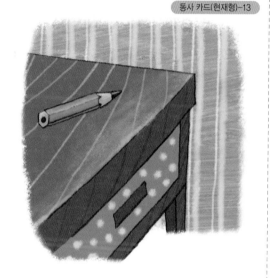

like

좋아하다.

I like you.

나는 너를 좋아해.

taught

가르쳤다

He taught French in a high school.

그는 고등학교에서 프랑스어를 가르쳤다.

teach

teach   teach

taught

taught taught

---

put

놓았다

I put my muffler on the desk.

나는 책상 위에 머플러를 놓았다.

put

put   put

put

put   put

---

liked

좋아했다

I liked game.

나는 게임을 좋아했다.

like

like   like

liked

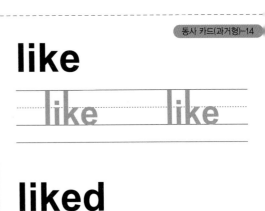

liked liked

shine

빛나다

The sun shines.

해는 빛난다.

meet

만나다

I meet my cousins.

나는 사촌을 만난다.

see

보다

Can I see it?

그것을 봐도 되나요?

shone

빛났다

The star shone**.**

별이 빛났다

shine

shine　shine

shone

shone　shone

---

met

만났다

I met **her yesterday.**

나는 어제 그녀를 만났다.

meet

meet　meet

met

met　met

---

saw

보았다

I saw **my teacher at school.**

나는 학교에서 선생님을 보았다.

see

see　see

saw

saw　saw

Pattern 1

1) ❶ I'm hungry.
   ❷ I'm happy.
   ❸ I'm sleepy.
2) ❶ I'm sleepy.
3) ❶ I'm   ❷ I'm   ❸ I'm
4) ❶ ap   ❷ un   ❸ ic
5) ❶ ⓑ   ❷ ⓒ   ❸ ⓐ

Pattern 2

1) ❶ Are you cold?
   ❷ Are you tired?
   ❸ Are you scared?
2) ❸ Are you cold?
3) ❶ Are you   ❷ Are you   ❸ Are you
4) ❶ ol   ❷ ka   ❸ le
5) ❶ ⓑ   ❷ ⓒ   ❸ ⓐ

Pattern 3

1) ❶ Can I help you?
   ❷ Can I sit here?
   ❸ Can I see it?
2) ❸ Can I sit here?
3) ❶ Can I   ❷ Can I   ❸ Can I
4) ❶ el   ❷ om   ❸ oo
5) ❶ ⓒ   ❷ ⓑ   ❸ ⓐ

Pattern 4

1) ❶ Can you swim?
   ❷ Can you turn off the television?
   ❸ Can you help me?

2) ❷ Can you ride a bike?
3) ❶ Can you   ❷ Can you   ❸ Can you
4) ❶ wi   ❷ an   ❸ in
5) ❶ ⓒ   ❷ ⓐ   ❸ ⓑ

Pattern 5

1) ❶ Do you want ice-cream?
   ❷ Do you like a dog?
   ❸ Do you have a cap?
2) ❸ Do you like a dog?
3) ❶ Do you   ❷ Do you   ❸ Do you
4) ❶ ik   ❷ av   ❸ an
5) ❶ ⓒ   ❷ ⓑ   ❸ ⓐ

Pattern 6

1) ❶ I like dogs.
   ❷ I like swimming.
   ❸ I like to dance.
2) ❶ I like your dress.
3) ❶ I like   ❷ I like   ❸ I like
4) ❶ no   ❷ id   ❸ re
5) ❶ ⓑ   ❷ ⓒ   ❸ ⓐ

Pattern 7

1) ❶ I have a dream.
   ❷ I have two toys.
   ❸ I have a headache.
2) ❸ I have a cold.
3) ❶ I have   ❷ I have   ❸ I have
4) ❶ an   ❷ re   ❸ ea
5) ❶ ⓐ   ❷ ⓒ   ❸ ⓑ

Pattern 8

1) ❶ It's mine.
   ❷ It's sunny.
   ❸ It's 8 o'clock.
2) ❸ It's 8 o'clock.
3) ❶ It's   ❷ It's   ❸ It's
4) ❶ in   ❷ ab   ❸ at
5) ❶ ⓒ   ❷ ⓑ   ❸ ⓐ

Pattern 9

1) ❶ Is it interesting?
   ❷ Is it boring?
   ❸ Is it time to eat?
2) ❶ Is it true?
3) ❶ Is it   ❷ Is it   ❸ Is it
4) ❶ im   ❷ ri   ❸ nt
5) ❶ ⓒ   ❷ ⓑ   ❸ ⓐ

Pattern 10

1) ❶ Let's go.
   ❷ Let's play a game.
   ❸ Let's have lunch together.
2) ❷ Let's stay home.
3) ❶ Let's   ❷ Let's   ❸ Let's
4) ❶ am   ❷ un   ❸ og
5) ❶ ⓑ   ❷ ⓐ   ❸ ⓒ

Pattern 11

1) ❶ How old are you?
   ❷ How is the weather?
   ❸ How was your school?
2) ❶ How was your school?
3) ❶ How   ❷ How   ❸ How
4) ❶ I   ❷ la   ❸ am
5) ❶ ⓐ   ❷ ⓒ   ❸ ⓑ

Pattern 12

1) ❶ What's this?
   ❷ What's your name?
   ❸ What color is it?

2) ❷ What do you want?
3) ❶ What   ❷ What   ❸ What
4) ❶ hi   ❷ am   ❸ ol
5) ❶ ⓑ   ❷ ⓒ   ❸ ⓐ

Pattern 13

1) ❶ Where is my toy?
   ❷ Where is your mom?
   ❸ Where do you live?
2) ❶ Where is my toy?
3) ❶ Where ❷ Where ❸ Where
4) ❶ iv   ❷ oc   ❸ at
5) ❶ ⓒ   ❷ ⓐ   ❸ ⓑ

Pattern 14

1) ❶ There is a party tonight.
   ❷ There are three girls.
   ❸ There are many cars in Seoul.
2) ❶ There is a party tonight.
3) ❶ There is ❷ There are ❸ There are
4) ❶ ob   ❷ ir   ❸ eo
5) ❶ ⓑ   ❷ ⓒ   ❸ ⓐ

Pattern 15

1) ❶ I can play the piano.
   ❷ I can swim very well.
   ❸ I can't meet you tomorrow.
2) ❸ I can't meet you tomorrow.
3) ❶ I can   ❷ I can't   ❸ I can't
4) ❶ ea   ❷ ng   ❸ om
5) ❶ ⓐ   ❷ ⓒ   ❸ ⓑ

Pattern 16

1) ❶ I don't like juice.
   ❷ I don't want to go now.
   ❸ I didn't buy the eraser.
2) ❷ I didn't read the book.
3) ❶ I don't ❷ I don't ❸ I didn't
4) ❶ is   ❷ ui   ❸ es
5) ❶ ⓒ   ❷ ⓐ   ❸ ⓑ

A A A A A A A A A A A

B B B B B B B B B B B

C C C C C C C C C C C

D D D D D D D D D D D

E E E E E E E E E E E

F F F F F F F F F F F F

G G G G G G G G G G G

H H H H H H H H H H H

I I I I I I I I I I I

J J J J J J J J J J J

K K K K K K K K K K K

L L L L L L L L L L L

M M M M M M M M M M M

N N N N N N N N N N N

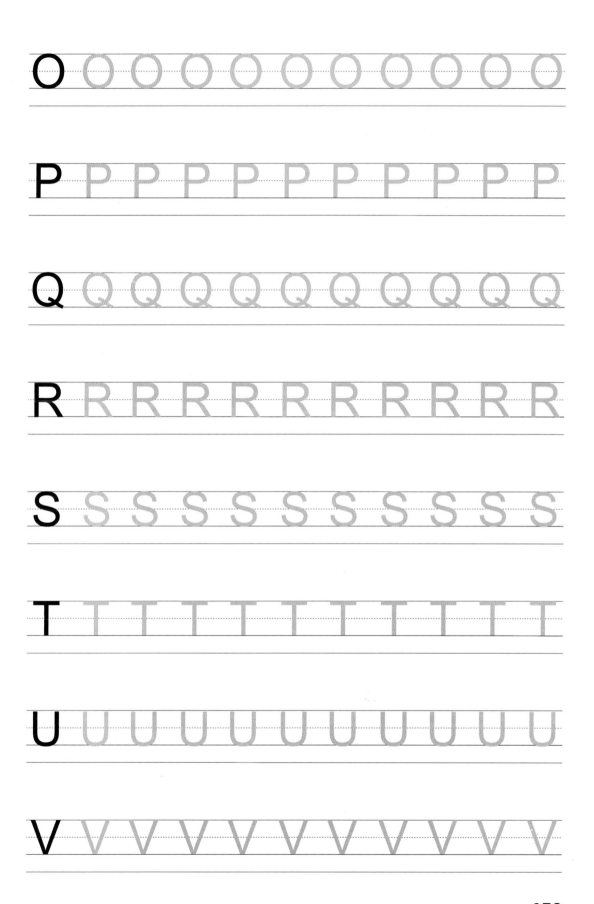

O O O O O O O O O O O O

P P P P P P P P P P P P

Q Q Q Q Q Q Q Q Q Q Q

R R R R R R R R R R R

S S S S S S S S S S

T T T T T T T T T T T T

U U U U U U U U U U U U U

V V V V V V V V V V V V

W W W W W W W W W W W W

X X X X X X X X X X X

Y Y Y Y Y Y Y Y Y Y Y

Z Z Z Z Z Z Z Z Z Z Z

good!

I'm hungry.

I'm happy.

I'm sleepy.

Are you cold?

Are you tired?

Are you scared?

Can I help you?

Can I sit here?

Can I see it?

Can you swim?

Can you turn off the television?

Can you help me?

Do you want ice-cream?

Do you like a dog?

Do you have a cap?

I like dogs.

I like swimming.

I like to dance.

I have a dream.

I have two toys.

I have a headache.

It's mine.

It's sunny.

It's 8 o'clock.

Is it interesting?

Is it boring?

Is it time to eat?

Let's go.

Let's play a game.

Let's have lunch together.

How old are you?

How is the weather?

How was your school?

What's this?

What's your name?

What color is it?

Where is my toy?

Where is your mom?

Where do you live?

There is a party tonight.

There are three girls.

There are many cars in Seoul.

I can play the piano.

I can swim very well.

I can't meet you tomorrow.

I don't like juice.

I don't want to go now.

I didn't buy the eraser.